Der Schuhschrank vom Frauenteam!
HILBRING

Frauen & Fußball!

Cartoons von Burkh, Butschkow, Fernandez, Hilbring, Holtschulte, Landschulz, Lars, Martens

LAPPAN

Die Cartoonisten

BURKH, Burkhard Fritsche, 1952 in Mölln geboren, lebt in Köln. Veröffentlichungen in *Eulenspiegel*, *taz*, *Die Zeit*, *Tages Anzeiger* (Zürich), *Welt am Sonntag*, *Süddeutsche Zeitung*, *Kicker*, *spiegel-online* u.a.
S. 22, 23, 40, 41, 56, 57.
www.burkh.com

Peter Butschkow, 1944 in Cottbus geboren. Veröffentlicht in diversen Zeitschriften und Zeitungen. Autor von über 150 Büchern und Kalendern bei Lappan.
S. 7, 20, 21, 34, 35, 48, 49.
www.butschkow.de

Miguel Fernandez, geboren 1974 in der Nähe von Hannover. Heute arbeitet er als selbstständiger Illustrator und Lehrbeauftragter an der Fachhochschule Hannover.
S. 8, 9, 26, 27, 38, 39, 52, 53, 62, 63, 70, 71, 78, 79, 86, 87.
www.gegen-den-strich.com

Oli Hilbring, regelmäßige Veröffentlichungen in der Sportzeitung *RevierSport*, im *Rookie Magazin* und bei *ehrensenf.de*. Er betreibt den Cartoon-Blog „Schön Doof" und lebt mit seiner Familie in Bochum.
S. 4, 12, 13, 28, 29, 44, 45, 58, 59, 68, 69, 76, 77, 82, 83, 90, 91.
www.oli-hilbring.de

Michael Holtschulte, Jahrgang 79, lebt und arbeitet als Cartoonist und Illustrator in Herten. Zeichnet für zahlreiche Zeitungen u. Magazine. Seine Cartoons sind wöchentlich auf www.totaberlustig.de zu sehen.
S. 14, 15, 32, 33, 42, 43, 54, 55, 66, 67, 74, 75, 84, 85.

Dorthe Landschulz, wurde 1976 in Hamburg geboren und begann ihre Karriere bereits um 1980 mit der Erschaffung von primitiver Kunst. Später studierte sie in ihrer Heimatstadt Illustration und verbannte sich gleich darauf selbst ins Exil nach Frankreich, wo sie bis heute leben muss.
S. 16, 17, 30, 31, 46, 47, 61.
www.facebook.com/EinTagEinTier

Mario Lars, Roland Regge-Schulz, 1964 in Mecklenburg geboren, lebt dort als Grafiker, Journalist, Zeichner und Autor. Veröffentlicht in *spiegel-online*, *Eulenspiegel*, *Schweriner Volkszeitung* und *Sächsische Zeitung*.
S. 10, 11, 18, 19, 24, 25, 36, 37, 50, 51, 60, 64, 65, 72, 73, 80, 81, 88, 89.
www.schulzenhof.de

Ulrike Martens
S. 92.

ISBN 978-3-8303-4368-4

Titelcartoon von Miguel Fernandez, Rückseitencartoon von Oli Hilbring
Druck und Bindung: TBB, a. s., Slowakei
www.lappan.de

Kannst du nicht Fußball spielen wie andere Mädchen auch?
BUTSCHKOW

HALBFINALE HIN ODER HER, WIR MÜSSEN JETZT WIRKLICH WIRKLICH LOS!
FERNANDEZ

FERNANDEZ

Das war ein Foul.
Du musst dich jetzt 10 Minuten
mit schmerzverzerrtem Gesicht
auf dem Boden wälzen
8
Ich bin
doch kein Mann

Gib mir die Bällin

Spielerberater beim Frauenfußball ...
Ich finde der Nagellack beißt sich mit der Trikotfarbe.
HILBRING

Fußballschuhe ...

Mann: Franz Beckenbauer

Frau: Louis Vuitton

HABEN SIE MIR GERADE ECHT HINTERHERGEPFIFFEN?!
HOHSCHULTE

DOPING IM FRAUENFUSSBALL?! DAS WÜSSTE ICH ABER!
NICHT AUFREGEN, KARIN.
HOLTSCHULTE

Bist du dann jetzt so weit mit der Deko?
LAND SCHULZ

Nun habt euch nicht so wegen der neuen Trikots! Ihr wollt doch auch, dass der Frauenfußball populärer wird!
LAND SCHULZ

Heute ist kein Fußball, da kannst du dich ja mal um die Kinder kümmern
Wir haben Kinder?

Die haben einen Mann im Team?
Nun ja...
18

Ich war mal das Kabinenluder von Franz Beckenbauer!
BUTSCHKOW

Aber deswegen
gleich die rosa Karte?!

Die BVB-Meistermannschaft der Zukunft betritt den Kreißsaal

Schiedsrichterinnen!

Frauenfußball iss, wie wenn du dich mit Eierlikör besäufst

Wie haben Sie es nur geschafft, so weit zu schießen?
Ich habe mir vorgestellt, der Ball ist der Arsch meines Ex

WIR SIND MITTEN IM SPIEL!
DIESE SCHUHE BRINGEN MICH UM!
FERNANDEZ

SCHIESS DOCH!
SCHIESS!!
FERNANDEZ

Ich würde mir gerne "Shades of Grey" im Kino ansehen.
Hat das 8:0 gegen die Bayern nicht gereicht? Krankes Schwein!
HSV
HILBRING

Wenn Frauen Stadien bauen würden ...
HILBRING
WELCOME
WELCOME

Wenn sie Frauenfußball sahen, übernahm es Uschi,
ihrem Mann die Abseitsregel zu erklären.

Du täuschst links an und spielst dann rechts auf Martina!
Rechts von dir aus gesehen oder von mir?
Rechts ist immer da wo deine Schreibhand ist.
Ich schreib mit links. Glaub ich.
LAND SCHULZ

DU BRINGST DIE KURZE MIT ZUM SPIEL?
GING NICHT ANDERS MEIN MANN WOLLTE FUSSBALL GUCKEN.
HOLTSCHULTE
11

MEINEN SIE, WIR WERDEN DIESES JAHR WELTMEISTERIN?
HOLTSCHULTE

Lesben!
Douglas
Douglas
Gillette
Gillette
BUTSCHKOW

... und ganz rechts, das bin ich!
Eure Mama hat noch in der
letzten Schwangerschaftswoche
im Tor gestanden!
BUTSCHKOW

Können Sie mir ein bisschen auf die Beine sprühen, ich will die nachher rasieren

Die sind mir alle zu tuntig. Haben Sie nicht auch welche in schlichtem Schwarz?

AUCH IM FRAUENFUSSBALL WERDEN IMMER WIEDER PYROS MIT INS STADION GESCHMUGGELT.

SCHÖNES KOPFBALLTOR!
ABER MEINE FRISUR!!
FERNANDEZ

Manndeckerin

Frauenfußball in Afghanistan

DAS GIBT EINE KARTE! MOMENT, LIPPENSTIFT ... TAMPONS ... SCHLÜSSEL ... KOMMT GLEICH! OH, WIEDER DER LIPPENSTIFT ... BÜRSTE ... EINEN MOMENT NOCH ... HANDY ... KAUGUMMIS ...
HOLTSCHULTE

SPIELEN HEUTE DIE FRAUEN?
WARUM?
HOLTSCHULTE

Oh nein,
ich bekomme meine
Abseitsregel.
HILBRING

Frauen WM hat begonnen ...
Schatz, holst Du mir bitte noch einen Prosecco aus dem Keller.

NEIN! UM GOTTES WILLEN! ROT STEHT MIR ÜBER-HAUPT NICHT!
LAND SCHULZ

Weil Spielerfrau Cindy eine wichtige Fußballregel nicht begriff, stand sie den ganzen Abend unabsichtlich im Abseits.

Jetzt geh gefälligst wieder raus und zeig den brutalen Weibern, dass du ein Kerl bist!
BUTSCHKOW

Spielt heut' Hertha?
Nö, Julia!
BUTSCHKOW

Um 15.30 Uhr ist Anstoß
15.30 Uhr
Stößchen

Nach Frauenfußball
jetzt Synchronschwimmen der Männer

NA, WER HAT GEWONNEN?
FERNANDEZ

DAS MUSS DOCH HÖLLISCH WEHTUN??
DAS? SIE WAREN NOCH NIE BEI EINER GEBURT DABEI, ODER?
FERNANDEZ

VON DEINER FRAU?
ICH HABE SIE GEBETEN MIR DIE GUTEN SCHUHE EINZUPACKEN.
10
HOLTSCHULTE

Ich glaube, du hast Spliss.
Trashtalk beim Frauenfußball

Fauxpas

FC COTTBUS E.V.
TOOOOR
Oh Scheiße Scheiße
– Nicole wird mich lynchen –
falsches T-Shirt erwischt !!!
Hätte ich doch daneben geschossen, ich Arsch...
BURKH

ZDF – Damenprogamm

Wie stehst du denn da? Du sollst dich doch hinsetzen!
Hab ich mir beim Ronaldo abgeguckt. Der trifft auch immer.
10
HILBRING

HILBRING
Gibts das auch in Pink?
FC FAN SHOP
FC
FANSHOP
CREW
FC

Ich glaube, ich bin schwanger
Ich hätte Fußball gucken sollen

Na schön, ihr habt gewonnen. Aber diese Grasflecken kriegt ihr nie wieder raus!
LAND SCHULZ

always always always
BUNTE BUNTE BUNTE
Persil Persil
Douglas
L'ORÉAL L'OR
ORÉAL
o.b. o.b. o.b.
OLAZ OLAZ
FERNANDEZ

ICH ÜBERLEGE, OB WIR DIE URINALSIEBE MIT DEM FUSSBALLTOR WIEDER ABSCHAFFEN.
WC
FERNANDEZ

Und Fußball spielen kannst du auch nicht?

Heute knacken wir den Zuschauer-Rekord
6
9

EIER ZEIGEN! IHR MÜSST EIER ZEIGEN!
?
HOLTSCHULTE

FINDEN SIE NICHT, DASS ICH MIT DIESEN QUERSTREIFEN FETT AUSSEHE?
FANSHOP
HOLTSCHULTE

BoRussia
Ich glaube, das mit uns ist "Echte Liebe".
Ich denke, irgendwann sag ich ihr, dass ich Schalker bin.

HILBRING
Wer spielt denn?
RUNDE 4
Sport

DIE EHEMALIGE NATIONAL-SPIELERIN OUTETE SICH IN EINEM INTERVIEW ALS HETEROSEXUELL.
FERNANDEZ

HABEN SIE NICHTS HOMÖOPATHISCHES?
FERNANDEZ

FUSSBALLWEISHEITEN!
HEUTE:
Die Null muss stehen

Mein Mann interessiert sich leider nicht für Fußball

HOLTSCHULTE

SCHNELL, EINE TRAGE! DER FINGERNAGEL IST ABGEBROCHEN!
HOHSCHULTE

Ich könnte aber immer nur eine Halbzeit spielen, hab noch keinen Kita-Platz für Leander.
MANAGER
HILBRING

Frauenfußball immer beliebter.
Medien reagieren ...
GALA
SPORT
HILBRING

FÜR DICH GIBT ES IMMER NUR FUSSBALL, FUSSBALL, FUSSBALL!
FERNANDEZ

ERST BEIM TRIKOTTAUSCH FIEL
CLAUDIA WIEDER EIN, DASS SIE HEUTE
IHREN SPORT-BH VERGESSEN HATTE.
FERNANDEZ

Sie schlafen mit meiner Frau
Ja, schon. Aber viel lieber würde ich mit Ihnen Fußball gucken

RTL II ? Frauentausch ? Nie gehört ?

Die Schlampe hat die gleichen Klamotten !?
HILBRING

HILBRING
BON JOVI
13.7. AUF SCHALKE
Der Bon Jovi spielt im Sommer auf Schalke!
Sturm oder Abwehr?

RECHTS ODER LINKS? AUSGERECHNET JETZT VERLÄSST MICH MEINE WEIBLICHE INTUITION.
10
HOLTSCHULTE

AUSZIEHEN!
AUSZIEHEN!
DU KANNST MIR AUCH EINFACH SAGEN, DASS DU DICH NICHT FÜR FRAUENFUSSBALL INTERESSIERST.
HOLTSCHULTE

DA FÄLLT MIR EIN, BALD IST FRAUEN-FUSSBALL-WM.
FERNANDEZ

SPO
HABEN SIE DIE AUCH IN DUNKELGELB?
FERNANDEZ

Heute kommen ein paar Freundinnen zum Fußball gucken. Bring einen Kasten Eierlikör mit

Wenn wir gewinnen, kommt der Bundespräsident in die Kabine. Ich werde daneben schießen
Hoffentlich schießt sie daneben

Die einzigen
Ultras beim Frauenfußball ...
Always
ULTRA
HILBRING

HILBRING
Ihre Frau ist ein verdammtes Kopfballungeheuer!
Zuhause ist die genauso, nur ohne das "Kopfball".

MARTENS
Frauen-WM-Ball
2015